Ursel Scheffler / Pieter Kunstreich

Der Friedensreiter

Ursel Scheffler

Der Friedensreiter

Mit Bildern von Pieter Kunstreich

Hase und Igel®

Für Lehrkräfte gibt es zu diesem Buch
ausführliches Begleitmaterial beim Hase und Igel Verlag.

Dieses Buch erschien erstmals 2002 als Bilderbuch im Herder Verlag,
Freiburg im Breisgau.

© 2018 Hase und Igel Verlag GmbH, München
www.hase-und-igel.de
Lektorat: Mira Fischer
Satz: Appel Grafik München GmbH
Druck: Grafisches Centrum Cuno GmbH & Co. KG

ISBN 978-3-86760-190-0
1. Auflage 2018

Inhalt

1. Dunkle Gedanken 7

2. Verletzt 12

3. Der helle Stern 18

4. Die Suche nach dem Friedenskönig 24

5. Sara, das Hirtenmädchen 34

6. Die Botschaft des Kindes 44

1. Dunkle Gedanken

Seit Sonnenaufgang saß Karim im Sattel seines grauen Kamels. Er war im Geheimauftrag seines Stammes unterwegs. Die letzten Stunden waren die schlimmsten gewesen.

Der Wüstensand war glühend heiß und der Wasservorrat ging zu Ende. Aber Karim hatte sein Ziel klar vor Augen: die Zelte der ehemals befreundeten Beduinen jenseits der Berge, die jetzt die Todfeinde seines Stammes waren. Düstere Rachegedanken erfüllten sein Herz. Es glühte so heiß wie der Sand!

Bis zu den Palmen in der Senke musste er noch reiten. Dort bei den Ruinen einer halb vom Sand verwehten Karawanserei war eine Wasserstelle. Da wollte er Rast machen. Das war er schon seinem Kamel schuldig.

In Schaukelbewegungen ließ sich das Tier nieder. Karim stieg ab und ging zum Brunnen der Oase. Er schob die Abdeckung beiseite, ließ ein Schöpfgefäß in die Tiefe gleiten und tränkte das Kamel. Dann trank er selbst.

Nur wenige Tagesreisen trennten ihn noch von seinem Ziel. Dann würde er tun, was nach den Gesetzen seines Stammes getan werden musste. Er fasste nach dem Dolch in seinem Gürtel. Seine Stirn verfinsterte sich. Genau wie der Himmel über ihm, an dem soeben dunkle Wolken aufzogen.

Die Sonne schien jetzt nur noch durch ein Wolkenloch in der Ferne und beleuchtete einen hellen Punkt, der näher und näher kam. Es war ein Beduine auf einem hellen Kamel. Karim beschloss, auf ihn zu warten.

Der Reiter kam rasch näher. Er begrüßte Karim: „Salam alaikum, Friede sei mit dir!" Er fragte ihn nach dem Woher und Wohin, wie es bei einer Begegnung in der Wüste üblich ist.

Karim zögerte mit der Antwort.

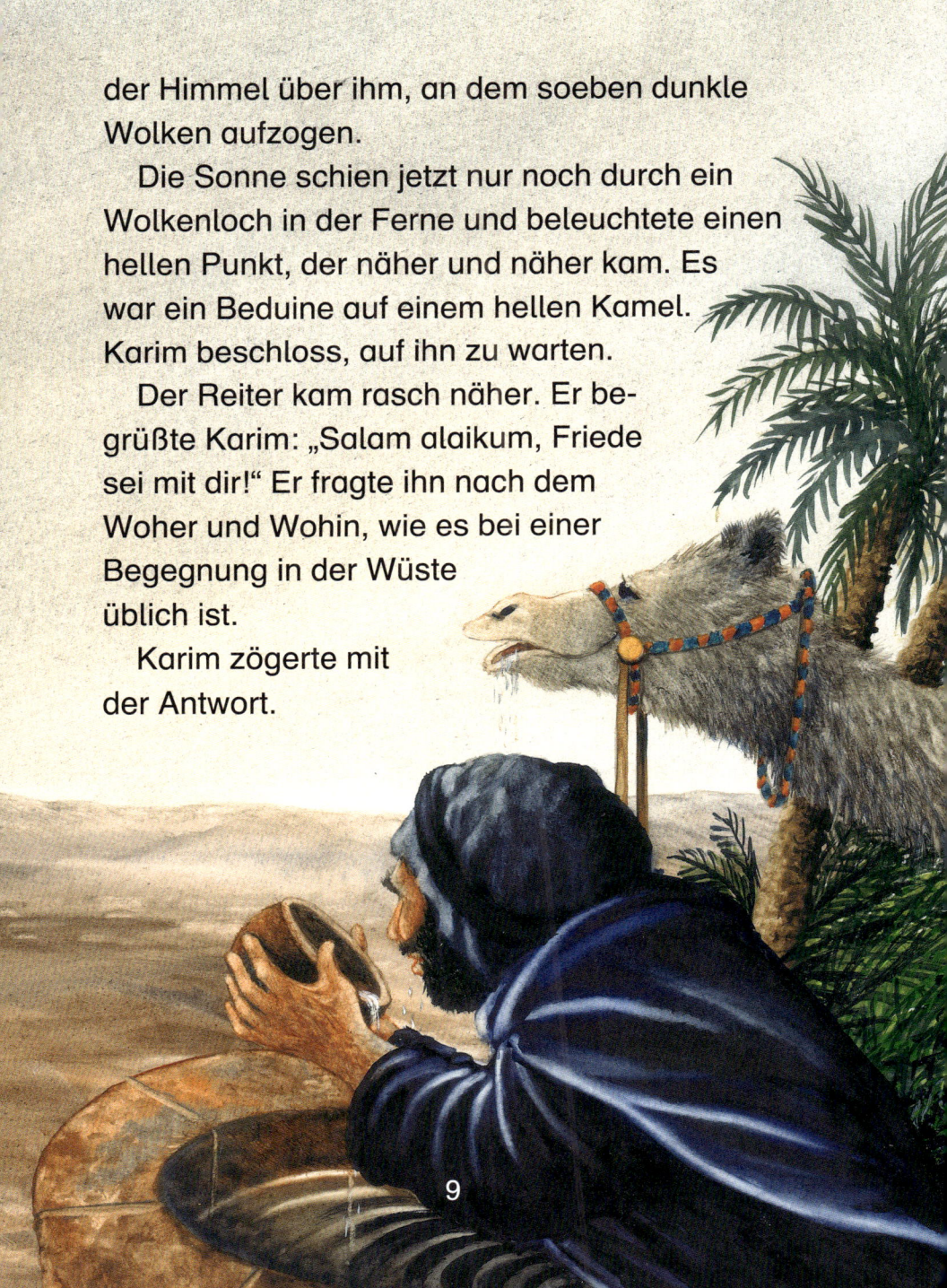

„Ich heiße Balthasar und muss in die Gegend von Jerusalem", sagte der Reisende. „Und du?"

„Ich muss nordwärts", erwiderte Karim und nannte seinen Namen. Er hütete sich, das genaue Ziel und den Zweck seiner Reise zu verraten, um seinen geheimen Auftrag nicht zu gefährden.

„Da haben wir ein Stück den gleichen Weg", stellte Balthasar fest.

„Sieht nach Sandsturm aus!", bemerkte Karim und deutete auf die gelbschwarzen Wolken, die sich jetzt bedrohlich über ihren Köpfen zusammenzogen.

„Wir sollten nach einem Unterschlupf Ausschau halten!"

2. Verletzt

Karim ritt voran und steuerte auf die Ruinen der alten Karawanserei zu, die schon seit Hunderten von Jahren ein beliebter Rastplatz auf der gefährlichen Reise über die Berge gewesen war. Auch jetzt noch, nachdem sie von räuberischen Beduinen zerstört worden war.

Da brach der Sturm auch schon los! Heißer Wind trieb den beiden Männern Sandstaub ins Gesicht. Sie zogen die Kopftücher über Augen und Nasen und suchten mit ihren ängstlichen Tieren zwischen den Mauern der Ruine Schutz. Trotz ihrer Vermummung setzten sich sekundenschnell tausend kleine Sandkörnchen in Augenwinkeln, Ohren und Nase fest.

Dann tobte der Sandsturm erst richtig los! Die Kamele wieherten laut vor Angst, bäumten sich auf und rissen sich los.

„Halt! Hiergeblieben!", brüllte Karim.

Aber da waren die Tiere bereits verschwunden. Wie vom Wind weggeweht.

Die Männer sahen sich sorgenvoll an. Es war unmöglich, jetzt nach den Kamelen zu suchen.

Aber ohne die Reittiere waren sie verloren!
Mitten in der Wüste!

Karim fluchte.

Endlich ließ der Sturm nach. Die Männer schüttelten den Sand aus ihren Haaren und Gewändern. Die erste Sorge galt den Tieren. Balthasar stieg auf einen Steinhaufen, um besser sehen zu können.

„Dein Kamel! Dort ist es, hinter der Mauer!", rief Balthasar und zog Karim aufgeregt am Ärmel seines weiten schwarzen Gewandes.

Karim pfiff und rief. Das aufgeregte Tier hörte jedoch nicht.

Die beiden Männer versuchten, es anzulocken und einzufangen. Aber das Kamel war in Panik und lief davon, sobald sich seine Verfolger näherten.

„Wir schleichen uns an. Du von rechts und ich von links!", schlug Balthasar vor, als das Tier sich wieder in der Nähe befand.

Karim hörte nicht auf Balthasar. Er kletterte durch eines der verfallenen Fenster der Ruine, um dem Kamel den Weg abzuschneiden. Dabei trat er auf einen losen Stein und stürzte.

Vergeblich versuchte er, sich mit der rechten Hand abzustützen. Sein Fuß rutschte in ein Loch und steckte fest.

„Mein Bein!", jammerte Karim. Ein stechender Schmerz fuhr durch seinen ganzen Körper …

Balthasar räumte die Steine beiseite und befreite Karims Fuß. Mühsam schleppte er den Verletzten zum Rastplatz an der Ruinenmauer zurück.

Balthasar war zum Glück in der Heilkunde nicht unerfahren und untersuchte Karims Verletzung genau. „Das Bein ist nicht gebrochen", stellte er schließlich zufrieden fest. „Aber das rechte Handgelenk! Du wirst es schonen und schienen müssen!"

„Du hast mir das Leben gerettet!", rief Karim aus. „Aber ich werde meine Ehre verlieren!"

„Seit wann verliert einer die Ehre, wenn er stolpert?", fragte Balthasar verwundert.

Karim starrte finster vor sich hin und antwortete nicht.

3. Der helle Stern

Die Wüstennacht war kalt. Balthasar machte aus Kameldung, der überall herumlag, ein kleines Feuer und brühte Pfefferminztee auf.

Karim trank seinen Tee schweigsam und starrte vor sich hin.

„Was ist los mit dir? Wir haben den Sturm überstanden. Und dein Bruch wird heilen. In ein paar Wochen ist alles vergessen."

„Nichts ist vergessen", entgegnete Karim. „Ich kann meinen Auftrag nicht erfüllen."

„Welchen Auftrag?"

Karim zögerte und sagte dann leise: „Ich kann meinen Bruder nicht rächen!"

„Warum willst du ihn rächen?"

„Sie haben ihn aus dem Hinterhalt umgebracht, die feigen Hunde. Meine Familie zählt darauf, dass ich die Blutrache am Stamm der Mörder übe."

„Du meinst, dass du einen der ihren umbringst, damit sie dann wieder einen von euch umbringen?", fragte Balthasar.

Karim stand auf, fasste an den Gürtel, wo der Dolch seines Vaters steckte, und sagte: „Auge um Auge, Zahn um Zahn. So lautet das Gesetz. So ist es immer gewesen."

„Und es hat uns nicht weit gebracht. Es hat zu unendlichem Leid geführt, zu Kriegen ohne Zahl. Man kann geschehenes Unrecht nicht durch ein neues Unrecht gutmachen!", seufzte Balthasar. „Es ist ein grausames Gesetz."

Karim setzte sich wieder neben Balthasar und blickte ins Feuer. Sein Arm brannte – und sein stolzes Herz ebenfalls.

„Der Krieg ist der Vater aller Dinge!", sagte Karim trotzig.

„Der Frieden ist die Mutter aller Dinge!", entgegnete Balthasar. „Es wird Zeit, dass die Völker Friedenskönige wählen statt Kriegsherren. Übrigens: Hast du nicht von der Prophezeiung gehört? In Jerusalem soll ein Friedenskönig geboren worden sein. Ich bin unterwegs, um ihn zu suchen."

„Pah! Friedenskönig!", stieß Karim verächtlich aus. Dann hüllte er sich in seinen Umhang und legte sich in eine geschützte Ecke hinter einer umgefallenen Säule, um zu schlafen.

Als sie am nächsten Morgen erwachten, war die Luft klar.

„Wir sollten bald aufbrechen. Wirst du laufen können?", fragte Balthasar.

„Ich fürchte nein. Aber wozu auch. Es eilt nicht mehr", meinte Karim düster und fasste an sein linkes Fußgelenk, das dick angeschwollen war und schrecklich schmerzte. „Ich werde warten, bis eine Karawane vorbeikommt, die mich mitnimmt." Plötzlich hörten sie ein Wiehern.

„Das ist Fafna, mein Kamel!", rief Balthasar erfreut und lief hinaus. Von Karims Reittier war jedoch weit und breit keine Spur zu entdecken.

„Fafna kann uns beide tragen", versicherte Balthasar. Er fing das Kamel ein und band es an einer Palme fest. Dann sah er sich um.

Die Wegzeichen waren alle vom Sand verweht. Der Sturm hatte die ganze Dünenlandschaft um sie herum umgestaltet.

„Vielleicht ist es besser, wenn wir bis zum Abend warten. Da ist es nicht so heiß und außerdem zeigt uns dann der Stern den richtigen Weg nach Jerusalem", überlegte Balthasar.

„Welcher Stern?", fragte Karim.

„Der Stern, der mich bis hierher geführt hat", antwortete Balthasar.

Als die Sonne noch schräg am Nachmittagshimmel stand, wurde der Stern über den Palmen sichtbar. Es war ein ungewöhnlich heller Stern.

„Komm!", sagte Balthasar und half Karim auf sein Kamel.

Die Wüstennacht brach ganz plötzlich herein. Es wurde merklich kühler. Da war das Reiten angenehmer. Gegen Mitternacht erreichten sie ein Felsental und gönnten sich und ihrem Reittier eine Rast.

„Und dieser, dieser – Friedenskönig, du weißt genau, dass er in Jerusalem geboren wurde?", fragte Karim, als sie am Feuer hockten und Tee tranken.

Balthasar war sich seiner Sache sicher: „Wo denn sonst, wenn nicht in der prächtigsten aller Städte? Du wirst sehen, der Stern führt uns geradewegs dorthin."

4. Die Suche nach dem Friedenskönig

Am nächsten Tag, kurz nach Sonnenuntergang, erreichten sie Jerusalem. Die Stadttore waren schon geschlossen. In der Karawanserei vor dem Damaskustor drängten sich Hunderte von Reisenden.

Balthasar versorgte sein Kamel und verhalf dem humpelnden Karim zu einem schattigen Sitzplatz im Innenhof der Herberge. Sein verletztes Handgelenk schmerzte höllisch. Und sein Knöchel war faustdick angeschwollen. Balthasar fand einen reisenden Arzt. Der versprach, sich um Karims Verletzungen zu kümmern.

24

Während Karim behandelt wurde, ging Balthasar zu einer Gruppe von Leuten, die sich um einen Sternkundigen versammelt hatte. Er hieß Melchior und war aus Persien gekommen. Mehr als zwei Wochen war er unterwegs gewesen und versicherte, dass der Komet über Jerusalem am deutlichsten zu sehen sei.

Sein dunkelhäutiger Begleiter hieß Kaspar und stammte aus Afrika. Die beiden waren schon ein paar Tage gemeinsam gereist, weil sie das gleiche Ziel hatten: Sie wollten den Friedenskönig suchen, von dem die Propheten berichteten.

Krieg, Not und Leid, Mord und Totschlag hatten alle lange genug ertragen. Die Friedenssehnsucht war so groß wie nie.

Balthasar unterhielt sich eine Weile mit den beiden. Der Stern war auch ihr Wegweiser gewesen. Sie glaubten fest daran, dass er das himmlische Zeichen sei, auf das alle warteten.

Balthasar lief zu Karim und erzählte, was er gehört hatte: „Sie sind dem Stern gefolgt, genau wie ich! Es ist ein göttliches Zeichen. Glaubst du mir jetzt?"

Karim antwortete nicht. Er hatte fürchterliche Schmerzen. Im Knöchel, im Handgelenk und vor allem im Herzen. Der Verband, den ihm der Arzt angelegt hatte, drückte – und das Versprechen, das er seiner Familie gegeben hatte, noch viel stärker.

„Ich werde einige Zeit hierbleiben müssen", sagte er. „Dann werde ich sehen, ob ich meinen Auftrag erfüllen kann."

„Und ich werde morgen mit Melchior und Kaspar in die Stadt gehen, sobald die Tore geöffnet sind. Wir werden den neugeborenen Friedenskönig suchen", teilte Balthasar mit.

„Seh ich dich wieder?", erkundigte sich Karim.

„Ich werde zurückkommen und dir berichten", versprach Balthasar.

Am nächsten Morgen gehörten Kaspar, Melchior und Balthasar zu den Ersten, die durch das Stadttor drängten. Sie fragten die Händler auf dem Basar und die Leute vor dem großen Tempel. Dort erfuhr man eigentlich sonst immer alles. Aber von der Geburt eines Königskindes wusste keiner etwas. Die drei beschlossen, im Königspalast selbst nachzufragen.

Die Wache dort wollte sie allerdings zunächst nicht vorlassen.

Es kostete etliche Überredungskunst und ein stattliches Trinkgeld, bevor man den Chef der Palastwache holte, dem sie dann ihr Anliegen erklären konnten. So kam es, dass die weit gereisten Männer schließlich in den Audienzsaal des Königs Herodes gelangten.

Kaspar, Melchior und Balthasar berichteten dem König, dass sie von dem hellen Stern, den ja jeder am Himmel sehen konnte, geradewegs bis nach Jerusalem geleitet worden waren.

„Wir sind sicher, dass er die Geburt dieses Königskindes verkündet, die in den Schriften vorhergesagt ist", beendete Melchior würdevoll ihren Bericht. „Und wir hoffen, dass wir es hier im Palast finden."

Herodes sah sie finster an und antwortete nicht. Er ließ seinen Hofastrologen kommen, der ihm zumindest alles das, was den Stern betraf, bestätigte. Der Hohepriester, den er ebenfalls rufen ließ, versicherte auch die Richtigkeit der alten Prophezeiung.

Jetzt wurde König Herodes nachdenklich. Das, was er von den drei Reisenden erfahren hatte, verfehlte seine Wirkung nicht. Sollte tatsächlich in Jerusalem ein Königskind geboren worden sein, von dem er nichts wusste? Eines, das einen Thronanspruch geltend machte? Das konnte sehr gefährlich für ihn sein!

Sollte ihm eine der Frauen von königlicher Herkunft die Geburt eines Kindes verschwiegen haben? Nun, da wollte er schon passende Maßnahmen ergreifen. Er entließ die drei Männer mit einem falschen Lächeln und gespielter Freundlichkeit und sagte: „Falls ihr dieses wunderbare

Kind findet, vergesst nicht, es mir sofort mitzu-
teilen, damit ich ihm Geschenke senden kann."

Kaspar, Melchior und Balthasar verließen den
königlichen Palast. Sie waren froh, dass ihre
Botschaft die Aufmerksamkeit von Herodes gefunden hatte. Aber sie waren auch enttäuscht,
dass sie das Kind, an dessen Geburt sie so fest
glaubten, nicht ebenfalls dort aufgespürt hatten.

Sie suchten weiter in den vornehmen Häusern
der Stadt.

Schließlich fragte Kaspar bei den Ärzten und
Hebammen nach. Ohne Erfolg.

„Ich hab mir die Füße wund gelaufen und weiß
nicht, wo wir jetzt noch suchen sollen", klagte
Melchior etwas verzweifelt, als es dunkel wurde.

„Manchmal geschieht ein Wunder", sagte
Balthasar.

Dann gingen sie zur Karawanserei zurück.

Karim schlief schon. „Ich hab ihm ein Schmerz-
mittel gegeben", berichtete der Arzt. „Aber was
ihn am meisten schmerzt, ist offenbar, dass er
mit der Hand für einige Zeit die Waffe nicht mehr
führen kann."

„Ich weiß", seufzte Balthasar. „Und diese Wunde sitzt tiefer."

Nachdem der Arzt gegangen war, legte Balthasar sich neben Karim zur Ruhe. Das heißt, eigentlich wurde es eher eine unruhige Nacht, denn Karim plagte das Wundfieber.

„Ich dachte schon, ihr kommt nicht mehr", sagte Karim, als er aus dem Fiebertraum erwachte. „Hattet ihr Erfolg mit eurer Suche?"

Balthasar schüttelte den Kopf. Er erzählte in raschen Worten, was sie alles unternommen hatten, um das Kind zu finden, und dass die Suche leider ergebnislos gewesen sei.

5. Sara, das Hirtenmädchen

Ein kleines Hirtenmädchen namens Sara löffelte in der Mauernische über ihnen seine Morgensuppe. Es hörte, worüber die Männer sprachen, und mischte sich ein: „Wo das Stern-Kind geboren wurde, wollt ihr wissen? Wenn's weiter nichts ist! Das kann ich euch sagen."

„Woher willst ausgerechnet du das wissen?", fragte Balthasar und sah verblüfft nach oben.

„Weil ich das Kind gesehen habe!", rief Sara vergnügt.

„Das glaube, wer will!", brummte Karim ärgerlich und wischte sich die Suppenkleckse vom Kaftan.

„Erzähl uns, was du weißt", drängte Balthasar. Er winkte Kaspar und Melchior herbei. „Hört, was das Mädchen sagt. Es klingt interessant! Angeblich hat es das Königskind gesehen!"

„Ein Kind will den König gefunden haben, den drei ausgewachsene Männer wochenlang gesucht haben!", zweifelte Kaspar, der selbst nicht viel größer war als das Hirtenmädchen. „So wie du aussiehst, lässt man dich gar nicht hinein in die Stadt."

Sara lachte fröhlich. „Wozu auch? Das Kind ist nicht in der Stadt! Es ist aber gar nicht weit von hier: in Bethlehem. Seit zwei Wochen schon leuchtet der Stern jede Nacht über einem Stall. Dort liegt das Kind auf Stroh in einer Krippe, ganz in der Nähe unserer Schafweiden."

„In einem Stall? Auf Stroh? Und das soll der neugeborene König sein?", zweifelte Balthasar und zog die Stirn kraus.

„Du kannst uns viel erzählen", brummte Melchior.

„Dann glaubt es eben nicht", sagte Sara da. „Ich muss jetzt meine Lämmer hineinbringen, die der Wirt bestellt hat. Ich werde essen und mich ein wenig ausruhen, ehe ich mich auf den Rückweg mache. Falls ihr danach mitkommen wollt, kann ich euch den Stall zeigen!"

Sie hüpfte von ihrem erhöhten Sitzplatz herab und verschwand in der Menge.

Die Männer sahen sich unschlüssig an.

„Nach Bethlehem ist es nicht weit", überlegte Balthasar.

„Na ja, ich weiß nicht", zweifelte Melchior. „Was Kinder so reden."

„Vielleicht hat das Mädchen die Wahrheit gesagt. Wir könnten doch wenigstens nachsehen", drängte Kaspar. „Wir suchen schon so lange vergeblich."

„Kaspar hat recht! Wir gehen mit dem Hirtenmädchen!", sagte Balthasar und erhob sich. Er sah Kaspar und Melchior aufmunternd an, lächelte voller Zuversicht und fügte hinzu: „Schlimmstenfalls ist es ein Umweg mehr."

Kaspar, der auch immer gleich an die ange-
nehmen und praktischen Seiten des Lebens
dachte, sprang ebenfalls auf und rief vergnügt:
„Halt! Vorher brauchen wir aber noch Geschenke
für das neugeborene Kind! Lasst uns in den
Basar gehen und einkaufen!"

Karim hatte dem Gespräch die ganze Zeit aus
einiger Entfernung schweigend zugehört. Auch
jetzt sagte er nichts.

Kaspar, Melchior und Balthasar durchstreiften den Basar. Sie fanden, dass duftende Gewürze, Weihrauch und Myrrhe sicherlich das Richtige wären, um den Stallgeruch und alle möglichen Krankheiten von dem königlichen Kind fernzuhalten.

„Oh, und das wird ihm gefallen!", rief Kaspar fröhlich und klingelte mit einer Kette goldener

38

Kugelglöckchen. „Damit hab ich als Kind auch gern gespielt. Und vielleicht diese Mütze? Und noch ein paar Süßigkeiten?"

Sie kauften drei Körbe voller guter und nützlicher Dinge für das Kind und seine Familie. Dann gingen sie zur Karawanserei zurück.

Karim erwartete sie am Tor der Herberge. Er trug seine Hand in einer weißen Schlinge, die ihm

der Arzt inzwischen angelegt hatte. Das gab ihm Halt. Und er hatte sich auch sonst verändert. Seine Augen sahen nicht mehr so finster drein wie vor der Ankunft in Jerusalem.

„Ich habe nachgedacht", wandte er sich an Balthasar. „Vielleicht ist nicht nur der Komet ein Zeichen des Himmels, sondern auch mein gebrochenes Handgelenk? Möglicherweise ist es richtig, dass ich durch den Sturz gehindert wurde, meinen Plan auszuführen. Vielleicht war der Unfall kein Zufall. – Darf ich mitkommen zu eurem Friedenskönig?"

„Von mir aus gern!", sagte Balthasar.

„Das hab ich von einem fahrenden Lampen-
händler gekauft", erzählte Karim etwas verlegen
und holte eine Laterne mit einem Sternenfenster
hervor. „Die kann ich sogar mit der verletzten
Hand halten, wenn ich sie in die Armschlinge
hänge." Und dann fügte er etwas leiser hinzu:
„Wenn ich schon nicht kämpfen kann, so kann
ich wenigstens leuchten."

„Das ist eine gute Idee!", meinte Balthasar. „Ein
Morgenstern der anderen Art."

Jetzt kam die kleine Sara angelaufen, die ihre
Schafe abgeliefert und neue Bestellungen auf-
genommen hatte. „Nun, wie steht's? Kommt ihr
mit nach Bethlehem?", rief sie.

„Wir kommen", erwiderte Balthasar.

„Ja, wir kommen – und das ist für dich!",
rief Kaspar vergnügt und schenkte der
Kleinen ein besonders großes
Stück Marzipan, das er im
Basar für sie gekauft
hatte.

Mittags verließ die kleine Karawane Jerusalem in südlicher Richtung, wo die Stadt Bethlehem lag. Balthasar ging zu Fuß voraus. Er führte sein Kamel am Halfter. Oben im Sattel saßen Karim und Sara.

Kaspar lief nebenher und rief Sara zu: „Du bist zwar die Kleinste, aber die Wichtigste von uns allen, denn du kennst den Weg!"

Melchior dirigierte einen Lastelefanten. Auf dem waren das Reisegepäck und die Geschenke. Der Elefant war am langsamsten und bestimmte

das Tempo. Die Leute blieben stehen und bestaunten das seltsame Tier, denn Elefanten kamen selten in die Gegend.

6. Die Botschaft des Kindes

Am späten Nachmittag erreichten die Reisenden Bethlehem. Sie zogen auf den kleinen Hügel hinauf, über dem der Stern so hell leuchtete, dass er die Augen blendete.

„Dort ist es!", rief Sara von ihrem Aussichtsplatz auf dem Kamel und deutete stolz mit dem Finger auf einen unscheinbaren Stall zwischen ärmlichen Häusern. „Und da hinten am Hang weiden unsere Schafe!"

Die Tür des Stalles war nur angelehnt. Innen brannte Licht. Balthasar klopfte an und sagte: „Salam alaikum."

Ein Mann kam aus der Tür und begrüßte sie: „Schalom!", was ebenfalls „Friede sei mit euch!" bedeutet. Der Mann hieß Josef und er bat die fremden Gäste, doch noch ein klein wenig vor dem Stall zu warten, weil seine Frau Maria gerade das Kind stillte.

Karim zündete an Josefs Laterne seine Sternlampe an. Da war es auch draußen hell und er fühlte, dass auf wunderbare Weise Ruhe und Frieden in seinem Herzen einkehrten.

Endlich durften die Besucher zu dem Kind in den Stall.

Es lachte sie an, als sie hereinkamen.

Karim spürte, dass er am Ziel seiner Reise angekommen war, auch wenn er seinen ursprünglichen Auftrag nicht erfüllt hatte. Das letzte Stück Hass, das noch in seinem Herzen gebrannt hatte, war beim Anblick des Kindes erloschen.

Karim legte den Arm auf Balthasars Schulter und flüsterte: „Ich muss nach Hause reiten, so schnell ich kann!"

„Hast du plötzlich deine Pläne geändert?", staunte Balthasar.

„Die Botschaft des Kindes ist zu wichtig, als dass sie warten könnte. Ich spüre es jetzt ganz deutlich. Du hast recht: Friede ist wichtiger als Stolz, Friede ist wichtiger als Rache, Friede ist das Wichtigste auf der Welt, denn der Krieg zerstört alles."

Balthasar ging mit Karim hinaus und lächelte: „Ich habe gehofft, dass du einmal so denken würdest, mein Freund!"

Karim verabschiedete sich.

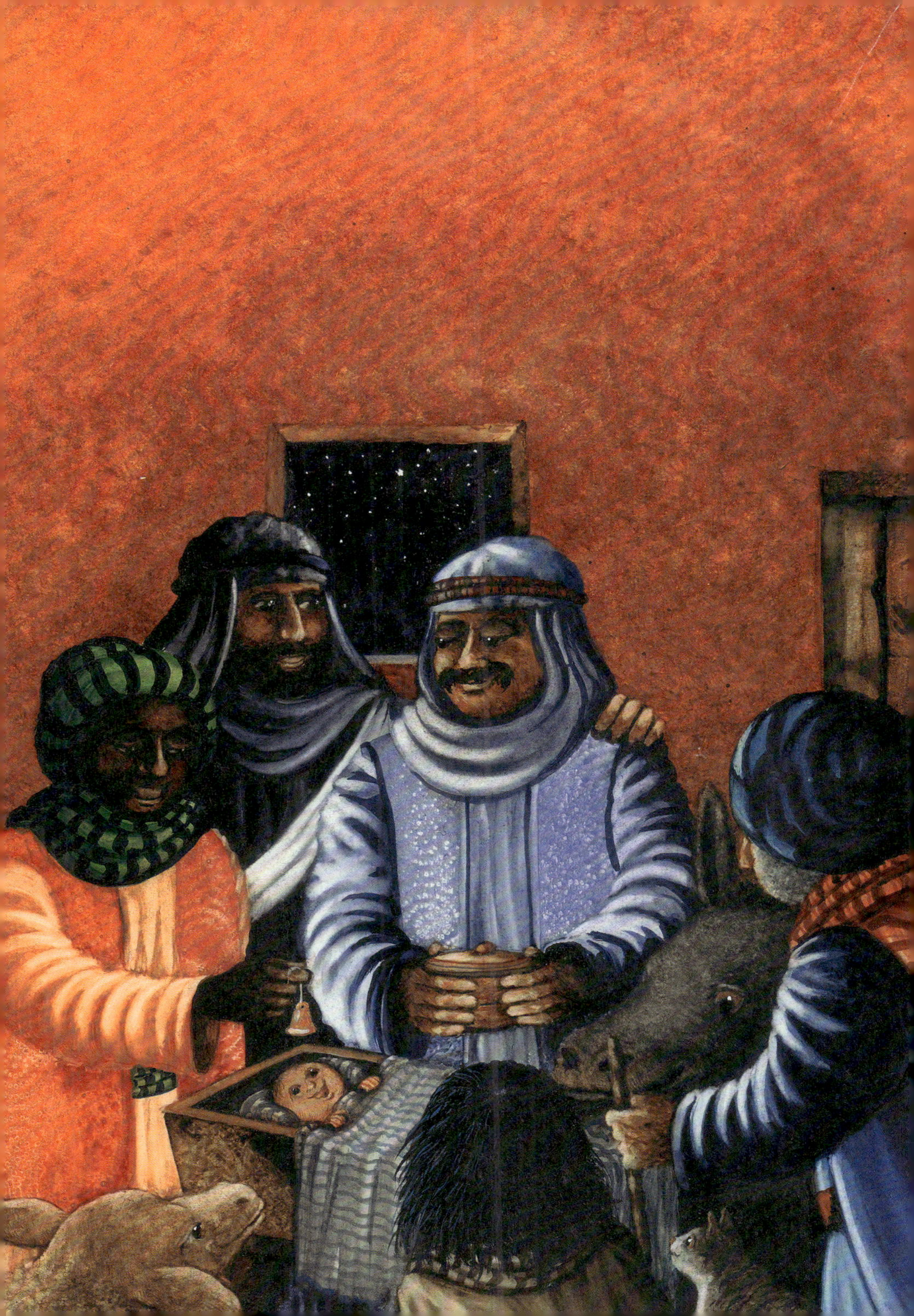

„Es ist der Tag der Geschenke. Nimm mein Kamel!", sagte Balthasar und drückte ihm die Zügel in die Hand. „Der Friede reitet mit dir. Er kann nicht schnell genug vorankommen!"

Karim bedankte sich und stieg in den Sattel. Seine Augen leuchteten. Er schnalzte mit der Zunge, worauf sich das Kamel schaukelnd erhob.

Karim warf noch einen Blick auf den Stall mit dem Kind.

Dann trabte er davon, verfiel in Galopp und schließlich schien er zu fliegen. Getragen von Balthasars Kamel und von der Wichtigkeit der Botschaft, die er so schnell wie möglich seinem Stamm verkünden wollte: Versöhnt euch, vertragt euch, verzeiht! Friede bedeutet Leben. Hass und Krieg bedeuten Tod. Friede auf Erden muss das wichtigste aller Gesetze sein! Nichts auf der Welt ist so wichtig wie Frieden …